1					
					2			
						7		1
	8						6	
		4						
					8			
9		3			1		8	5
				5	9			

				3			1	
						8		
		9						
			4					
2	8						4	9
		5						
		4		7				
9	7	2						

		8						
	4	3						2
1								
2		4				7		
				3		9		5
			6					
9			7					1

		7		3	6			
	1		4					
					7		3	
		8	3					
				5				
			5					3
2							4	9

			1			8		
		3		4			2	
			3			5	1	6
							7	
3								
				8				
							9	
	9				3			

						1		
		8						2
							8	
				2				
						7		1
					1	9		4
7	5							
				1	7			6

	4						8	
7			4					
				1		5		8
				4		7		2
								6
						9		1
							2	
		1						

		2		6			4	
4						3		
			6	5				
		4	9				3	1
	3							
					5			
				9	3			

			9					
			7					
7	1	3	4		2			
4								
						6		
			2	9				
			1		3			
	5							
			5					

								9
	6	1				4		
					8		2	6
			5	6	7		3	
	4							2
								5
					3			

			3	1			9	
						8		
		2						
					6	3		
					9	1		4
				4			3	
					3			
						7	6	

9			3				5	
					7			
					9			1
			6					2
				4			8	
					3	4		
2								
			9					
								4

				5	7			
4		9						
8	7	3				2		5
	3		9	7				
								2
	6				3			

					8		9	
		4						
			7					
			5	3				9
4	6					5	1	
			4	7				
		6			9			

	8		7				4	
		1	8		2			9
4								
						1	3	
5		7						
			2					
		8			3			

					7		1	
			4					
		7			1		5	
5								
3		6				1		2
				5	8			
								8
7								

	1							
							3	
		3		2			6	
5				4				1
							4	
					7			
	6				3		7	
3			2					

						3		
					9			
2				3				1
					4			
6						1	9	4
		7		1				
				9				
		8				9		

	9	2	1					
		1						2
					5			
8							3	
						4		
		4	7	5	9	3		
								6

								7
1			7					
					9			
	4		9					
		6		3	1		7	
				7	8			
		5						3
								8

	5							
					5			
							5	
			9			2		
	2							9
9								5
1	3			5			9	2
				7				

				1				3
					6			
	3			4				
			3					8
								7
	5		2					
					1	7		
						3		
	2	7						

			4				1	6
7						8		
				2	9		5	4
				8				
6						4		
			7					
			1			6		

		5			6		8	
		9						3
		7			4	2		
							2	
						9		7
8						5		
							7	
				5				

	9							
		4	5			1		
		3	4	9		5		
7						8		9
		9						
			3			7		
		2						

		9						
							5	
	4		5		1			9
							9	
		1			7			
			8	5				4
				1		5	3	

	8							
						5		
					5	9		
				9	4			
			8			7		
						6	2	
	4			7	6			
8			5					

				4		9		1
	8							
4								
			2					
						4	3	7
				7		6		
								6
				9	6	7		

		7						
		2						8
			4		7			
		1					7	
2								5
				2		5		
	1					2		3
						6		

		7	8					
								4
	9	4						7
1								
4					8	7		
	7	2				4		
			4					1

3	2			9	5			
1	9							
		5						
4		1	2			3		
			6					
5								
	1							
							7	

				8				
		9		2				
8			5					
	4		2				1	
	1			3			4	
								1
								3
				4			7	

		5	7					
	4			1	8		7	
			1					
	2	9		6		7		
							1	
		2					9	
							5	

							7	
6	3							
				3	5	7		
					7		9	
				4				
			2			1	4	
	9						8	
								7

	8	3					4	9
		5		4		1		
					5			
	2		8					
			7			2		
						4		
					3		6	

		4					6	5
1								
		8						4
							3	
				4				
					5	3		
8		7	9				1	2

				7		6		8
		4		8			2	
				2				
	3							
						4		
			7			8	1	2
		9				5		

5	3	1		8				
			1					
			3		7	5	8	
				9				
						4		2
	1							
					1			
	5							

	7							1
3							4	
	8	1		4				
	6						7	
							3	
					3			7
4		2						5

8						2		
								9
			6			7		
			2					5
			7					
		7				8	2	
	8						4	
		3						
	1							

			2	4	5		7	
			7				3	
4				3				
	5	1						
8								
		9						
				1	8			
				2				

				5				
						1		
	7						5	
				7		3	1	
		8						7
		1	7		2			5
					5			1

	8							
			9	6		8	4	
	1				5	4		
3			6					9
		6	8					
						3		
								2

		6		2				
		7	5					
				6				5
				8		1		
			1					
1							6	
					6	2		
					5			
		4						

				3				
	7	8						
						7		
				7				
7								
	4					6	1	
1					4		5	
			7			4		9

		2				5		
				4	3	9	2	1
			2		8		3	
			7					
	2							
					7	1		
2								

		3						
					2			
			1					
		6				5		4
8	3		2			1		
	4	5						
6								2
		9						

			5			7		
			8					
1		4						
								7
4			3	9		6		8
						1		
	4							
			1					
7								

			9	3				
		3						
						9		
	2							4
		8			3			2
4					2			7
	3	2					6	

						4	9	
	3				9			
								6
			3					
	8		2	9			7	
	9					6		
			9					8
						7		

				4			5	
5								1
		6	5					8
	4			6				
			3	9				2
						1		
								9
						7		

		1		7			6	
	2							
				6				
				4				
						9		
			9		7	5		
		5				7		3
					1	6		

			7		2			
	1			8			3	
6				1		8		
1	3							
						5		
			1					
	6						7	
						2		

				8				
		5						
			5		6			
		3				5		
5								
					7			
			3					
4		6						
3	1				4		5	

6	1			9		8		
								6
	7				4			
8	2		3			5		
		5						
						6	2	8

				4	5			
	1			3				6
	7			6				
		5		2				
				7				
		8						
				8				
							1	
			7				3	

				2		5		9
								7
3	1						5	4
			3					
7		6						
				1	7			
		9						8

					2	3	6	
			8		1			
	8		7	3		1		
			2					
			6					3
					9			7
			1					

		1		3				
5			4		9			1
6							5	
				4				
				5	7			6
3							7	
							4	

			9					
9				3				7
		3	2					
						2		
3	1							2
	5			2	1			
			5				3	

9				5			7	
5					4			
					3			
			4		6		3	
3								
1			5	2			9	
						4		

				9				1
			2	6				
9		7				6		
	9							
								9
2	3							5
	5							8
				5				

								5
5	4	2	9					
								2
			6					
				3				
		4					2	
				1	6			
		5	4					6

		2						
						7		
			2					
		3		4		2		
					2		6	
							7	
7	8	6		2				
					6		8	

								4
				7				3
			1					7
5					7	3		
								2
1								
3					1	7		
		6			3			

	6	9			3		8	
						3		1
						7		
					9	8		
5				3				
		7			4			
					8			
		1						

7								
2						3		8
3		9		1			6	
				5				
				9			2	
			8					
	6	4			9			

					2			
				1				7
		1				3	2	
8							1	
2								
				5				
9		4						1
			9					2

							1	7
							9	
	9							
2		9						
3	5			1				4
								3
				5	3			
				4				9

1								
4		2			9	8		7
							1	
				7	5		9	
6	2		9					
	5							6

								6
2		5	4					
4		1						8
						5		
		8			4			2
					3	6		
				1		9		

		1						
	8							
		2						
	7	4			8			6
					6			
	2							
				1			4	8
7						1		
			2					

						6	7	
		7			2			
						4		
		6		8				
	3		7				2	
			5			8		
8					3		6	

								7
								3
				7				
5		7			8			
	2	3			5	7	8	
			8					
					1			5
						8		

4								
3			8					
							4	
						3		
						7		
		3				6		2
6							8	
		7	3	6	8			

	1							6
8		4		1	3	7		
				5				
		3						
				3			6	
4				8			2	
							9	

	4		1					
8		6					7	
1	5							4
	7			5				
		8						
		4						
	6							
	1						4	

4				7				
	5			3				
7					2			
					1		8	
					7			
	4					9	6	
9		7						5

			7					
7			1				2	
			6			2		
			3	8				
	6				1			
					7			
	2	9						
				6		9		

2		8					5	3
							2	
	7		8					
				7			9	8
			5			3		6
						9		
				9				

			4					
7		1	5		9			
			1	6			5	
		9						
		6						
						7		
	5		3					
		2			4			

			3					
			2	8				
							3	
	9						6	
	6					9		
					3		1	
5	3		9					
	4					3		

					7		6	
		6						
8	9							
5		4	7					
9	1	7						6
					9	7		
								9

6	2		1					4
8					3			
3	1							
		2	4					
		6	8					
	9		5					
							4	

1			2	7				
								5
			7					
	1					9	6	
6	2	8						
							1	
						7		
		2						6

	9					7		
			4		9	3		
	4		6					
	1			4			8	
			8					
			3					7
7			9					

						1	6	3
	3		7		4			5
			3					
			2					
				7				
								8
	6							
		3						
							1	6

			5	2	9			
	7		8					
		3						
	9							
		6	9	1		8		
	6							9
					4			6

1								
							2	
2								
9								5
		8		6			4	
				4				
6	5	1						
		4			2	7		

7						5	8	
					9	7		
9			5					
		4					9	
	5		4					
					5			
6	1							
					1			

	7	8		1				
		1						
			8			9		6
		5	1					8
	8					4		
	1							
5					7			

						1		
1	7				9		4	
					7	3		
				3			6	
		6			5			
					1		9	
		7				2		

				7				6
		7		8	6		5	1
			9					
							8	
					4			
7		4		6				9
			5					

	9							
				7				
					5		9	
2								
7					9			
		1	6				8	3
	5				8			
				5				9

9								8
		8			4		2	
						9		
					8	7	4	
	8		6					
8						2		
			5					
		7						

7					1		9	4
					2			
					7			
			5					
				7				1
8								
		3		8		1		9
	9							

		8				5	7	
								2
					8			3
			3		5			
			2					
			8					
		2		7				8
			5					7

	2							
			5	4				
	1	4	6		2	9		
		8						
				3	8			
								2
				2				
		2	9					

		1						
						7		
						6	4	
				2			5	
	9	5	7		4			
3			2				7	
7	4							

							5	
		5	7			1		
		2	6					
		1		7				
							1	
			3			2		
					7			
				3			7	
								1

				4	8		1	
		8						
7			9					8
	5		8					6
	9							
						3		1
					5		6	

				2	5			
6								
3								
			2		4			7
7			5	9				
		7				2		
4						9	7	

				5				9
					9	8		
9					1		6	
						7		
	6							
3								
		5						
			1		5		3	7

3							9	7
	6			3				
					8			
8		3						
4	2					3		
2								
		8					1	
1								

							6	
						3		
	3					5		2
	8					4	2	
			6				5	
				4				
						1		3
		3	7					

				5	9			
		9	2					
							5	
6		8						
			3					
4			5					
	9		6	7	4	8		

7		2			6			
		3	7	4	8	5		
							9	
				3			5	
							4	3
					5			
		6						

							2	
1		2	8					
				2				
7								
	1							4
			9	3	7			
			5				7	
			6					
						2		

								9
	8	9	1					
		6			9			
					5		4	
						3		
			2					
			8		4			7
		1	5					

						2		
6							7	
						6		8
						5		
			5					1
	9					4		
						9		
8		2	9	7				

			7					
	5							
				4	1			
		3						
			9					
	1							
1	2							
					8		1	2
5				2		7		

			3					
7				9				
	5	1	4					
						8		
	1		2	6		5		
						4		
								3
		3					5	

					3			
	8					2		
		1						8
1								
	2			9		5	3	
6								
		8						
3								
		5			7			

			5				6	
							5	
			6					
		8				1		
	1	3		4			8	
6							3	
			8					6
					4			

		5		9	8			
			5					9
							4	
		7			9	5	3	
		6				4		
	4				7			
	6							

	5						3	7
						5	4	
					2			
							1	
6						8		
							8	
	7						9	
	8	3			9			

				8			4	
		9			1			
	5	8						2
								3
					5			
		3			7		8	
	4					2		
				6				

3								
					4	9		
				1	3			
1		3			2			
	4		6					
5								
					9	2		
			2	8				

	1						7	
						8	6	
				4				2
	4							9
				1		4		
3							4	
				2				
	7			3				

				8		9	6	
	8							
				2	3			
				7				
7								1
9								
				5				
8				1			5	
						1		

www.ingramcontent.com/pod-product-compliance
Lightning Source LLC
Chambersburg PA
CBHW072133170526
45158CB00004BA/1357
* 9 7 8 1 0 7 7 0 8 2 8 0 9 *